Antes de tudo

Aprofundando nossa vida de oração

Dados Internacionais de Catalogação na Publicação (CIP)
(Câmara Brasileira do Livro, SP, Brasil)

Santos, Fábio Pereira dos
    Antes de tudo ore : aprofundando nossa vida de oração / Fábio Pereira dos Santos. -- 1. ed. -- Cubatão, SP : Ed. do Autor, 2023.

    ISBN 978-65-00-70629-1

    1. Espiritualidade - Cristianismo 2. Oração
3. Oração - Cristianismo 4. Oração - Cristianismo - Meditações 5. Vida espiritual - Cristianismo
I. Título.

23-158249   CDD-248.32

Índices para catálogo sistemático:

1. Oração : Prática cristã : Cristianismo   248.32

Aline Graziele Benitez - Bibliotecária - CRB-1/3129

Antes de tudo Ore

Fábio Pereira dos Santos

Aprofundando nossa vida de oração

1ª Edição

Cubatão, SP

2023

Sumário

Prefácio

Já ouvi muitos clichês cristãos como: "a oração é a chave da vitória", "muita oração, muito poder; pouca oração, pouco poder"; "quem não ora não recebe vitória", "a oração move a mão de Deus". Bem, tudo isso é provado nas Escrituras como verdade. E neste livro quero te levar a um entendimento mais amplo do assunto "oração". Para sermos cristãos poderosos espiritualmente falando, não tem outro jeito, a chave é a oração. A oração constrói pontes, levanta muralhas, destrona poderes, abala prisões, sacode demônios, e move as mãos de Deus ao nosso favor.

Fato é que passamos por dias em que muitos não praticam a oração do jeito de Deus. Homens e mulheres ocupados com os afazeres do mundo e seus interesses pessoais, e até com assuntos religiosos, mas menos ocupados com a vontade de Deus. Eles não fazem como Jesus ordenou (trabalhar pela comida que não perece).

De fato, até entendo em parte a fraqueza da nossa carne em evitar a prática da oração, pois por ser esta uma inclinação espiritual, nossa natureza sente repulsa dela. Mas essa batalha é travada na mente. Se ela é perdida na mente, os joelhos não se dobram. E essa é a intenção do livro: fornecer subsídios, e mais do que isso, fornecer um encorajamento, e edificação espiritual substancial cujas impressões deste trabalho não venham, pela graça de Deus, sair nunca mais da mente e coração dos leitores.

Fábio Pereira dos Santos

Introdução

Samuel Rutherford, cuja fragrância de sua bondade continua viva, levantava às três da manhã para encontrar Deus em oração. Joseph Alleine se levantava às quatro da manhã para orar até as oito. Se ele soubesse que outra pessoa estava de pé antes dele para fazer qualquer outra coisa, ele exclamava: "Ah que vergonha! Será que meu Mestre não merece mais do que o mestre deles?"

Edward M Bounds (1835 - 1913)

Eu não me arriscaria a escrever mais um livro sobre oração entre tantos tão excelentes já escritos e publicados por outros se não houvesse um zelo e um fervor crescente em meu coração pela oração nestes últimos dias. Não vivo de joelhos confesso, mas tenho aprendido a orar, tenho assumido compromissos de oração pela graça de Deus, minha esposa, meus filhos e Deus são testemunhas.

Admoesto-te, pois, antes de tudo, que se façam deprecações, orações, intercessões e ações de graças por todos os homens, pelos reis e por todos os que estão em eminência, para que tenhamos uma vida quieta e sossegada, em toda a piedade e honestidade. Porque isto é bom e agradável diante de Deus, nosso Salvador, que quer que todos os homens se salvem e venham ao conhecimento da verdade (1 Timóteo 2.1-4).

A primeira recomendação do apóstolo é a oração por todos os homens. Um princípio pastoral prioritário que devia marcar o ministério de Timóteo e de todos os servos de Deus, a saber, a intercessão. Antes de admoestar sobre outras coisas, Paulo admoesta Timóteo a orar por todos os homens.

Se a oração não é a primeira coisa buscada pela igreja, se ela não é observada pelos irmãos então a vida cristã é fraca, sem valor para Deus e o ministério é improdutivo. A ocupação principal da igreja primitiva e dos apóstolos foi a oração:

E perseveravam na doutrina dos apóstolos, e na comunhão, e no partir do pão, e nas orações (Atos dos Apóstolos 2:42).

A oração é uma fonte de alento e um meio poderoso de comunicação com Deus. Eu posso orar andando e Deus me ouvir e responder, eu posso orar trabalhando, eu posso orar viajando, mas eu só posso orar melhor separando um tempo a sós com Deus.

1 Por que oramos?

Mas por que oramos? Ao longo da minha jornada na fé já ouvi algumas explicações plausíveis e outras insatisfatórias explicando as razões da instrumentalidade da oração. Tendo em vista a onisciência divina, como diz Davi "antes que a palavra me chegue a boca tu já a conheces", por quê mesmo assim Deus nos pede para falar com ele?

Todos os anos dezenas ou centenas de obras são realizadas com verbas do governo, manutenções em vias, projetos de infraestrutura executados, investimento em saúde, segurança e educação, auxílios previdenciários e afins. Para a realização desses programas de governo, são captadas verbas mediante impostos de diversas categorias; impostos de produtos, de prestação de serviços e de moradia, por exemplo. Somos nós quem mandamos recursos para o governo em forma de impostos para que sejam gerenciados da melhor maneira possível. Agora pensemos por um lado que a oração é como um importante recurso que enviamos para os céus através do qual é usado para o cumprimento de propósitos específicos que somente através dele poderiam ser cumpridos.

Outra analogia é a do papel do juiz terreno, que só age por provocação. O poder judiciário deve ser provocado (acionado, chamado, solicitado). As causas são enviadas para a apreciação sua. Vemos Paulo dizer na carta aos Efésios "por esta causa me ponho de joelhos perante o Pai de Nosso Senhor Jesus Cristo". Não compete ao juiz tomar partido por alguém sem que seja procurado, não sai o juiz a julgar aquilo que não foi trazido a sua presença. Agora veja na Lei a mesma relação com Deus, o juiz de todos:

O estrangeiro não afligirás, nem o oprimirás; pois estrangeiros fostes na terra do Egito. A nenhuma viúva nem órfão afligireis. Se de alguma maneira os afligirdes, e eles clamarem a mim, eu certamente ouvirei o seu clamor, e a minha ira se acenderá, e vos matarei à espada; e vossas mulheres ficarão viúvas, e vossos filhos, órfãos (Êxodo 22:21-24 ênfase minha).

Mesmo nestas circunstâncias de opressão, as causas do estrangeiro, do órfão e da viúva só seriam julgadas por Deus quando trazidas a Ele. Eles precisavam clamar. Jesus confirma isso na parábola do juiz que não temia a Deus nem aos homens:

Havia também naquela mesma cidade uma certa viúva e ia ter com ele, dizendo: Faze-me justiça contra o meu adversário (Lucas 18.3)

Se tal viúva da parábola ficasse em casa, ou se se calasse quanto aos agravos que tinha sofrido, ela nunca teria sido ajudada. Não é diferente também no plano espiritual:

E Deus não fará justiça aos seus escolhidos, que clamam a ele de dia e de noite, ainda que tardio para com eles? Digo-vos que, depressa, lhes fará justiça. Quando, porém, vier o Filho do Homem, porventura, achará fé na terra? (Lucas 18:7-8).

A oração é o fórum de Deus. "Os olhos do Senhor estão sobre os justos; e os seus ouvidos, atentos ao seu clamor" (Salmos 34:15). Por isso, entendo que Deus não é intrometido. Embora o mundo seja Dele, todavia o governo terreno confiou aos homens: "Os céus são os céus do Senhor; mas a terra, deu-a ele aos filhos dos homens" (Salmos 115:16). E como ele intervém, senão através das orações dos homens justos? Deus tem a solução para os problemas do mundo, Deus tem as respostas para as questões importantes que assolam os homens. Mas o meio dessas ajudas chegarem até nós é a oração.

Mendigos não usufruem das benesses do sistema porque vivem à margem do sistema, não cooperam com o sistema por serem improdutivos. Não injetam recursos no sistema para também participarem das melhorias feitas pelo sistema. Nem são beneficiários porque não contribuem. Ou podem ser segurados da previdência social os que não contribuem com ela? Na fé também há muitos mendingos espirituais, que vivem de migalhas, porque não cooperam com Deus, eles vivem das sobras. Não enviam recursos aos céus. Por isso não são beneficiários de Deus. Com eles Deus não pode contar para realização dos seus propósitos na terra até que sacudam de si as vestes da pobreza, e vistam-se das vestes reais e sacerdotais e como escolhidos de Deus, clamem a Ele de dia e de noite.

Em suma, Edward M Bounds evidencia a diferença entre os homens de oração e os que são pobres nesta graça:

"Quão pobre e deprimente é essa vida de oração comparada com o hábito de homens verdadeiros de Deus em todas as épocas. Para pessoas que consideram a oração como seu principal negócio e dedicam tempo a isso, colocando-a no topo de suas prioridades, faz com que Deus revele as chaves do Seu reino, e através deles, realiza sua obra espiritual de maravilhas neste mundo. Uma oração de qualidade é o sinal e o selo dos grandes líderes de Deus e garantia de que as forças conquistadoras de Deus serão a coroa de seus obreiros." [1]

Até aqui tudo bem? Adiante, Tiago 5.16, fala "A oração do justo pode muito em seus efeitos". Você já notou que "justo" e "oração" no versículo são coisas inseparáveis? Se o ser justo dispensa a necessidade de oração então Jesus Cristo não precisava orar, Ele era o Justo. Mas não, foi justamente por ser Justo que suas orações eram sem sombra de dúvidas muito necessárias. O justo precisa abrir a boca, o justo deve clamar para ser ouvido quanto às suas necessidades. Deus não guerreia as batalhas do justo sem que hajam orações, clamores e lágrimas.

2 Tipos e métodos de oração

Alguns são cuidadosos a respeito de um tipo de oração e negligente em outros. Se quisermos as petições que pedimos, vamos usar todas. [2]

John Wesley (1703 - 1791)

Os desatentos e ignorantes nas escrituras não perceberão as particularidades na oração. Não percebem que os métodos são variados e os caminhos diversificados. Costumo associar a oração a um chaveiro em vez de uma chave. Neste chaveiro há um molho de chaves, especificamente quatro chaves. Cada tipo de chave abre algum tipo de porta. Usar a chave errada para tentar abrir determinadas portas é esforço em vão. Portanto, quero te apresentar essas chaves:

Admoesto-te, pois, antes de tudo, que se façam deprecações, orações, intercessões e ações de graças por todos os homens (1 Timóteo 2:1).

Na bíblia há de modo geral quatro tipos de orações amarradas neste versículo pelo apóstolo Paulo. Aqui o apóstolo não deixa passar nenhuma despercebida. Ele tem o cuidado de amarrar os quatro tipos de orações que Deus deu ao seu povo e os recomendar a Timóteo, seu filho na fé, que são: deprecação, oração, intercessão e ação de graças.

Deprecação/ Súplica

No grego "deêsis" significa súplica, rogo, imploração, uma petição. A súplica representa uma oração de intensa humilhação, onde em determinados casos, agonizamos perante Deus, por socorro, por cura, livramento, resposta e ajuda. Usamos a oração da súplica quando precisamos de um socorro urgente, esse tipo de oração é mais intenso e expressa os desejos mais profundos e ardentes da alma e do espírito. Temos muitos exemplos nas escrituras de homens que derramaram suas súplicas perante Deus: "Porém Moisés suplicou ao Senhor seu Deus" (Êxodo 32.11), "Ouve, pois, a súplica do teu servo e do teu povo de Israel..." (1Reis 8.28), "... e veio, e pôs-se de joelhos diante de Elias, e suplicou-lhe..." (2 Reis 1.13), "Bendito seja o Senhor, porque ouviu a voz das minhas súplicas" (Salmos 28.6), "...acharam Daniel orando e suplicando diante do seu Deus" (Daniel 6.11), "Como príncipe, lutou com o anjo e prevaleceu; chorou e lhe suplicou" (Oseias 12.4), "... oferecendo, com grande clamor e lágrimas, orações e súplicas..." (Hebreus 5.7).

Em Zacarias lemos que uma das particularidades do Espírito do Senhor é a de produzir ações de graças e súplicas a Deus, e isso está profetizado para o tempo do fim, no retorno do Senhor para Israel: "E sobre a casa de Davi e sobre os habitantes de Jerusalém derramarei o Espírito de graça e de súplicas; e olharão para mim, a quem traspassaram; e o prantearão como quem pranteia por um unigênito; e chorarão amargamente por ele, como se chora amargamente pelo primogênito." (Zacarias 12:10), mas esse despertamento é produzido também em nossos dias pelo Espírito Santo na vida da igreja. Ele age nos santos por meio das súplicas dirigidas a Deus, pois segundo o apóstolo Paulo "o mesmo Espírito intercede por nós com gemidos inexprimíveis." (Romanos 8:26), como escreve J. C. Ryle:

"O Espírito nos dará palavras se buscarmos Sua ajuda. As orações do povo do Senhor são inspiradas pelo Espírito do Senhor. São o trabalho do Espírito Santo que habita dentro deles, como Espírito de graça e de súplicas. Certamente o povo de Deus pode esperar ser ouvido. Não é somente a oração deles, mas o Espírito Santo suplicando neles."[3]

A chave da súplica abre muitas portas ao crente. Deus não pode se mostrar indiferente a um coração quebrantado suplicando por sua misericórdia, socorro, Espírito e favor. Entenda meu irmão que essa chave fará diferença na sua vida. Use ela em prol de si, mas também em prol dos santos "orando em todo tempo com toda oração e súplica no Espírito e vigiando nisso com toda perseverança e súplica por todos os santos" (Efésios 6:18).

Oração

"A oração não é um ópio, mas um tônico; não é um calmante para o sono, mas o despertamento para uma nova ação. Um homem preguiçoso não ora e não pode orar, porque a oração demanda energia. O apóstolo Paulo considera oração como uma luta, e uma luta agônica. Para Jacó, a oração foi uma luta com o Senhor. A mulher siro-fenícia lutou com o Senhor através da oração até que saiu vitoriosa".[4]

Hernandes Dias Lopes

No grego a palavra para oração é "proseuche", que é um termo genérico para invocação, adoração e oferta. Esse tipo de oração tem significado para o crente, Jesus nos deu uma oração modelo, aquela oração universal do Pai nosso:

Portanto, vós orareis assim: Pai nosso, que estás nos céus, santificado seja o teu nome. Venha o teu Reino. Seja feita a tua vontade, tanto na terra como no céu. O pão nosso de cada dia dá-nos hoje. Perdoa-nos as nossas dívidas, assim como nós perdoamos aos nossos devedores. E não nos conduzas à tentação, mas livra-nos do mal; porque teu é o Reino, e o poder, e a glória, para sempre. Amém! (Mateus 6:9-13).

A estrutura desta oração e conteúdo contemplam as necessidades básicas do cristão. É uma oração do tipo curta, mas carregada de verdades.

Buscar a face de Deus em oração expressando sentimentos de amor, anelo por sua presença, exaltação, contemplação são formas de usos dessa chave. Temos em Salmos diversos exemplos de orações feitas por Davi, Asafe e os filhos de Coré.

Mas tem um episódio na bíblia que considero muito emocionante e que me comove muito. A saber, a oração do rei Josafá. O contexto desta oração é a marcha dos Moabitas e dos filhos de Amom contra o povo de Judá. O rei Josafá é avisado de que eles vêm contra Judá. Lembrando que nos dias de Moisés, o povo de Israel foi proibido de molestar e de disputar as terras dos Moabitas e dos Amonitas, todavia no reino de Josafá estas duas nações resolveram pelejar contra Judá, pagando o bem com o mal. Josafá ficou atemorizado com o avanço eminente das tropas inimigas, e pôs se a buscar a Deus e proclamou um jejum em todo o Judá. E a escritura narra o valoroso posicionamento do rei Josafá frente a isso:

E pôs-se Josafá em pé na congregação de Judá e de Jerusalém, na Casa do Senhor, diante do pátio novo. E disse: Ah! Senhor, Deus de nossos pais, porventura, não és tu Deus nos céus? Pois tu és dominador sobre todos os reinos das gentes, e na tua mão há força e poder, e não há quem te possa resistir. Porventura, ó Deus nosso, não lançaste tu fora os moradores desta terra, de diante do teu povo de Israel, e não a deste à semente de Abraão, teu amigo, para sempre? E habitaram nela e edificaram nela um santuário ao teu nome, dizendo: Se algum mal nos sobrevier, espada, juízo, peste ou fome, nós nos apresentaremos diante desta casa e diante de ti; pois teu nome está nesta casa; e clamaremos a ti na nossa angústia, e tu nos ouvirás e livrarás. Agora, pois, eis que os filhos de Amom e de Moabe e os das montanhas de Seir, pelos quais não permitiste que passasse Israel, quando vinham da terra do Egito, mas deles se desviaram e não o destruíram, eis que nos dão o pago, vindo para lançar-nos fora da herança que nos fizeste herdar. Ah! Deus nosso, porventura, não os julgarás? Porque em nós não há força perante esta grande multidão que vem contra nós, e não sabemos nós o que faremos; porém os nossos olhos estão postos em ti. E todo o Judá estava em pé perante o Senhor, como também as suas crianças, as suas mulheres e os seus filhos. (2 Crônicas 20.5-13).

A oração de Josafá estava fundamentada na palavra de Deus, lembrava Deus da Aliança que fizera com seu amigo Abraão e da obediência de Israel em não disputar as terras daquelas nações. Josafá exaltou a Deus em sua Oração perante a congregação de Judá, admitiu sua impotência contra essas nações embravecidas, e confessou depender de Deus para este momento de aperto. Josafá soube orar, por influência do Espírito de Deus nele. Seus olhos estavam postos em Deus naquele momento.

Essa oração do rei Josafá entrou para os anais da história bíblica porque foi uma oração inspirada pelo próprio Senhor, uma oração conforme a vontade e os pactos Dele. Que fez com que o Senhor fosse honrado e glorificado aos olhos de toda a congregação. Mulheres com crianças de colo, idosos, jovens todos diante da congregação na expectativa da resposta de Deus. Jazieel estava na brecha e foi a voz profética para Josafá e para o povo:

E todo o Judá estava em pé perante o Senhor, como também as suas crianças, as suas mulheres e os seus filhos. Então, veio o Espírito do Senhor, no meio da congregação, sobre Jaaziel, filho de Zacarias, filho de Benaías, filho de Jeiel, filho de Matanias, levita, dos filhos de Asafe, e Jaaziel disse: Dai ouvidos todo o Judá, e vós, moradores de Jerusalém, e tu, ó rei Josafá. Assim o Senhor vos diz: Não temais, nem vos assusteis por causa desta grande multidão, pois a peleja não é vossa, senão de Deus. Amanhã, descereis contra eles; eis que sobem pela ladeira de Ziz, e os achareis no fim do vale, diante do deserto de Jeruel. Nesta peleja, não tereis de pelejar; parai, estai em pé e vede a salvação do Senhor para convosco, ó Judá e Jerusalém; não temais, nem vos assusteis; amanhã, saí-lhes ao encontro, porque o Senhor será convosco. Então, Josafá se prostrou com o rosto em terra; e todo o Judá e os moradores de Jerusalém se lançaram perante o Senhor, adorando o Senhor. E levantaram-se os levitas, dos filhos dos coatitas e dos filhos dos coraítas, para louvarem o Senhor, Deus de Israel, com voz muito alta (13-19).

Não tem arma mais poderosa do que a oração feita por um justo. Deus é mais glorificado em seus filhos quando, em dificuldades, mantemos a nossa fidelidade aos propósitos divinos e o buscamos com orações poderosas.

Intercessões

Quando o apóstolo cita cada tipo de oração em plural, não significa que em cada tipo existem outros subtipos. Significa que devemos abundar neles. Dentro da intercessão, seja abundante em intercessões. Faça constantes intercessões pelos homens.

John Wesley baseado em Efésios 6.18 disse:

"Lutando em intercessão fervorosa e contínua pelos outros, especialmente pelos fiéis, para que façam toda a vontade de Deus e sejam firmes até o fim. Talvez recebamos poucas respostas às orações, porque não intercedemos o suficiente pelos outros."

O intercessor é alguém que se coloca entre duas pessoas. O intercessor põe de lado seus interesses para defender a causa de outros.

Não podemos ignorar os gigantes da intercessão nas Escrituras. Homens como Moisés que, de tão comprometido com a causa do seu povo, preferiu estar separado de Deus a ver seus irmãos destruídos:

"Assim, tornou Moisés ao Senhor e disse: Ora, este povo pecou pecado grande, fazendo para si deuses de ouro. Agora, pois, perdoa o seu pecado; se não, risca-me, peço-te, do teu livro, que tens escrito." (Êxodo 32.31-32).

O apóstolo Paulo também, como ministro da nova aliança, não fez menos que Moisés:

Em Cristo digo a verdade, não minto (dando-me testemunho a minha consciência no Espírito Santo): tenho grande tristeza e contínua dor no meu coração. Porque eu mesmo poderia desejar ser separado de Cristo, por amor de meus irmãos, que são meus parentes segundo a carne (Romanos 9:1-3).

Irmãos, o bom desejo do meu coração e a oração a Deus por Israel é para sua salvação (Romanos 10:1).

O intercessor entende que suas orações são necessárias para a firmeza e saúde do povo:

E, quanto a mim, longe de mim que eu peque contra o

Senhor, deixando de orar por vós; antes, vos ensinarei o caminho bom e direito (1 Samuel 12:23).

Dutch Sheets nos traz a ideia do papel da oração intercessória:

Quando digo que nossas orações de intercessão são uma extensão do trabalho de intercessão de Cristo, a diferença está na distribuição versus produção. Não temos de produzir nada — reconciliação, libertação, vitória, etc. Mas temos de distribuir, como os discípulos fizeram com pães e peixes.[6]

Ainda, ele bem pontua:

A oração de intercessão é uma extensão do ministério de Jesus por meio de Seu Corpo, a Igreja, onde nós mediamos entre Deus e a humanidade com o intuito de reconciliar o mundo a Ele, ou nos colocamos entre Satanás e a humanidade com o intuito de executar a vitória do Calvário.[7]

Moisés em suas orações intercessórias foi vitorioso porque sabia corretamente argumentar com Deus em prol do povo, e isto não de si, mas como resultado de uma vida entregue ao controle de Deus (Números 14.11-20).

Ações de graças

O quarto e último tipo de oração é a oração de ações de graças. Esse tipo de oração também glorifica a obra de Deus em nós e, em geral, no seu povo. É a oração de agradecimento e louvor por Seus feitos por nós. Diante da tão grande obra de Salvação, o cristão deve continuamente dar ações de graças a Deus em suas orações. A oração de Ana foi uma ação de graças (1 Samuel 2), o profeta Jonas fez a oração de ações de graça (Jonas 2). Davi diversas vezes registrou orações de ações de graças em seus salmos; Jesus dava continuamente graças a Deus em oração.

Os métodos de oração

Quanto aos métodos de oração temos: a oração secreta, a oração pública, o clamor, a oração silenciosa, a oração com imposição de mãos, a oração com a mãos estendidas aos céus, a oração em línguas estranhas, a oração do louvor. Pode haver outros, mas estes são os principais.

Tais métodos são importantes para o cristão. Jesus nos ensinou o método da oração secreta, mas não anulou as orações públicas; Eliézer mordomo de Abraão orou em pensamento e foi atendido por Deus. Davi orava com suas mãos erguidas a Deus (Salmos 143.6) e Moisés teve suas mãos sustentadas durante sua intercessão (Êxodo 17.11-12). Sobre esse gesto corporal dedicarei um capítulo à parte a ele (ver capítulo 5). Há muitos clamores nas escrituras feitos por homens de Deus. Jesus combatia em oração com muitos clamores a Deus (Hebreus 5.7). Aliás, a escritura diz: "clama a mim, e responder-te-ei e anunciar-te-ei coisas grandes e firmes, que não sabes" (Jeremias 33:3). O método da imposição de mãos é específico para orações intercessórias.

Paulo reconhece como legítima a oração em línguas estrangeiras, que edifica a quem fala e não a quem ouve quando não acompanhada de interpretação (1 Coríntios 14.4,13-14). E por fim orações que fluem de um louvor, orações precedidas de louvor, ou ocorrendo simultaneamente a eles (Salmos 77.6-13).

Resumindo, é importante ressaltar que os tipos de orações podem ser combinados, usados concomitantemente, como ocorre muito, de igual maneira os métodos também.

3 As lágrimas

Se os obreiros são frios, mortos, e enfadonhos o povo não será levado às lágrimas. Se o pregador não chora, a igreja não chora. Se o pastor não é quebrantado, a congregação não buscará o quebrantamento.

Chorem os sacerdotes, ministros do Senhor, entre o alpendre e o altar, e digam: poupa o teu povo, ó Senhor, e não entregues a tua herança ao opróbrio, para que as nações façam escárnio dele; porque diriam entre os povos: Onde está o seu Deus? (Joel 2.17).

Todos os dias o povo do Senhor tem sido afligido pelo pecado, pelas tentações, pelos ataques das trevas e pelas perseguições. Devemos instar com Deus, com lágrimas intercedendo pelos santos "poupa o teu povo ó Senhor!".

A vida cristã é uma vida de lágrimas. Os justos choram. Os santos derramam lágrimas. Suas orações não podem ser secas. Deixa-me te mostrar exemplos de lágrimas na oração e na caminhada com Deus. Ezequias virou o rosto para parede logo após receber o aviso de morte do profeta Isaías, e orou a Deus, e chorou muitíssimo. E Deus, por isso, lhe disse: "... Assim diz o Senhor... Ouvi a tua oração e vi as tuas lágrimas..." (Isaías 38.5). Talvez esteja faltando lágrimas ou "mais" lágrimas em nossa experiência cristã para que Deus possa abrir os celeiros do céu sobre nós.

"Tu contaste as minhas vagueações; põe as minhas lágrimas no teu odre; não estão elas no teu livro?" (Salmos 56.8).

Há um banco de dados no céu, nossas lágrimas vão para lá. Deus valoriza cada gota que escorre dos olhos dos justos em oração e a serviço do reino, há uma recompensa para os que choram, eles serão consolados (Mateus 5.4), eles serão poupados do juízo (Ezequiel 9.4), eles voltarão trazendo seus molhos com alegria (Salmos 126.5-6).

Paulo foi o apóstolo das lágrimas, ele mesmo fala que muito chorou: "servindo ao Senhor com toda a humildade e com muitas lágrimas e tentações que, pelas ciladas dos judeus, me sobrevieram" (Atos 2:19). E também reconhecia a genuinidade da fé não fingida de Timóteo pelas lágrimas deste: "desejando muito ver-te, lembrando-me das tuas lágrimas, para me encher de gozo; trazendo à memória a fé não fingida que em ti há..." (2 Timóteo 1.4-5).

Te pergunto meu caro leitor: qual foi a última vez que você derramou lágrimas em oração a Deus? Isso é importante. As lágrimas são indicadoras da nossa saúde espiritual. Quem chora vai bem, quem não chora está morto. Mas Deus pode ressuscitar mortos e despertar os que dormem.

4 A força de
um Clamor

O clamor é uma oração estrondosa, não necessariamente barulhenta feito uma lata vazia. É uma voz que ecoa o grito da alma e espírito do homem. Deus não é surdo, seus ouvidos não estão tampados, mas o clamor faz parte da vida cristã, todos os homens de Deus se viram em necessidades de clamarem a Deus. O clamor expressa sensação de distanciamento. Clamamos a alguém que julgamos estar longe de nós, e impedida de nos ouvir, ou em algum estado como de sono, por exemplo. Era essa sensação do salmista:

Desperta! Por que dormes, Senhor? Acorda! Não nos rejeites para sempre! Por que escondes a face e te esqueces da nossa miséria e da nossa opressão? Pois a nossa alma está abatida até ao pó; o nosso corpo, curvado até ao chão (Salmos 44.23-25).

Também:

Das profundezas a ti clamo, ó Senhor! (Salmos 130.1).

Haverá momentos em seus passos de fé que você se verá em necessidades de clamar a Deus. Mas não é bom esperar isso acontecer. Jesus disse em Lucas 18 que os Seus escolhidos clamam a Ele de dia e de noite. Estamos cercados de necessidades, de adversidades, de perigos. Se abrirmos a boca para clamarmos a Deus pelos homens e pela santa igreja do Senhor, bem faremos.

Quando abrimos a boca um poder nos envolve, quando levantamos a voz aos céus em clamor, coisas acontecem. Jesus Cristo ofereceu-se a Deus com lágrimas, orações e grande clamor (Hebreus 5.7), Davi clamou a Deus e foi atendido (Salmos 40.1), Sansão a pesar das falhas, pela fé, era um homem que clamava ao Senhor:

E, como tivesse grande sede, clamou ao Senhor e disse: pela mão do teu servo tu deste esta grande salvação; morrerei eu, pois, agora de sede e cairei na mão destes incircuncisos? Então, o Senhor fendeu a caverna que estava em Leí; e saiu dela água, e bebeu; e o seu espírito tornou, e reviveu; pelo que chamou o seu nome: A Fonte Do Que Clama, a qual está em Leí até ao dia de hoje (Juízes 15:18,19).

Esta oração da fé de Sansão, feita através de um grande clamor foi certeira, pois o mesmo estava a serviço de Deus e tinha recebido uma grande ajuda sobrenatural contra seus inimigos, e agora sedento, morreria o mesmo de sede? Se o Senhor cuidou dele nas grandes coisas, será que o abandonaria nas mínimas?

Já o último clamor de Sansão registrado nas Escrituras foi no dia da sua morte. Sua fé levou-o a clamar a Deus e ser atendido, a fim de se vingar dos seus inimigos e ajudar o povo de Deus:

Então, Sansão clamou ao Senhor e disse: Senhor Jeová, peço-te que te lembres de mim e esforça-me agora, só esta vez, ó Deus, para que de uma vez me vingue dos filisteus, pelos meus dois olhos (Juízes 16:28).

Quando questionamos o impacto de um clamor sincero e os resultados obtidos através dele ficamos surpreendidos com os frutos. Deus nos mostra que vale a pena clamar a Ele. Temos na história dos Juízes de Israel ainda, a força do clamor prevalecendo:

E os filhos de Israel clamaram ao Senhor, e o Senhor levantou aos filhos de Israel um libertador, e os libertou: Otniel, filho de Quenaz, irmão de Calebe, mais novo do que ele. E veio sobre ele o Espírito do Senhor, e julgou a Israel e saiu à peleja; e o Senhor deu na sua mão a Cusã-Risataim, rei da Síria; e a sua mão prevaleceu contra Cusã-Risataim. Então, a terra sossegou quarenta anos; e Otniel, filho de Quenaz, faleceu (Juízes 3:9-11).

O texto diz que por causa do clamor dos filhos de Israel o Senhor levantou um libertador, os inimigos do povo foram abatidos, e a terra sossegou por quarenta anos. Não foi por quarenta meses, nem quarenta dias, mas um clamor que gerou quarenta anos de paz a Israel. Isso é muito sério, deveria nos encorajar a valorizarmos a oração clamorosa. Adiante, o mesmo cenário se repetia nos dias dos Juízes, veja:

Então, os filhos de Israel clamaram ao Senhor, e o Senhor lhes levantou um libertador: Eúde, filho de Gera, benjamita, homem canhoto. E os filhos de Israel enviaram pela sua mão um presente a Eglom, rei dos moabitas.(...) E, naquele tempo, feriram dos moabitas uns dez mil homens, todos corpulentos e todos homens valorosos; e não escapou nenhum. Assim foi subjugado Moabe, naquele dia, debaixo da mão de Israel; e a terra sossegou oitenta anos (Juízes 3:15,29-30).

Agora não era mais quarenta anos, mas oitenta anos em que a terra sossegou por causa do clamor dos filhos de Israel a Deus depois de um ciclo de desobediência seguido de opressão da parte dos inimigos sobre eles. Deus é muito misericordioso, Deus é muito abençoador. Ele não se limita em ajudar seus filhos que a Ele clamam de dia e de noite.

5 As mãos erguidas a Deus

O ato de erguer as mãos é um ato de dependência de Deus e de fé. Ele cria uma conexão com o céu. Os poderes das trevas não se conformam com este sinal corporal.

A bem da verdade é que o ímpio não levanta as mãos para Deus, nem o homem carnal as levanta voluntariamente em rendição do coração (Salmos 143.6). Ele não pode, como os anjos (Apocalipse 10.5) e como os justos, levantar as mãos a Deus porque este ato é espiritual, de um coração rendido e submisso a Deus.

Em Josué lemos que este santo homem de Deus por orientação divina não abaixou sua mão enquanto não destruiu por completo todos os habitantes de Ai:

Então, o Senhor disse a Josué: Estende a lança que tens na tua mão, para Ai, porque a darei na tua mão. E Josué estendeu a lança, que estava na sua mão, para a cidade. Porque Josué não retirou a sua mão, que estendera com a lança, até destruir totalmente a todos os moradores de Ai (Josué 8:18,26).

Na mão direita de Josué estava a lança. Essa postura, como também a de Moisés, Arão e Hur, trouxe vitórias para Israel. Em nossas mãos podemos não ver nada, mas em rendição a Deus esse gesto assume importância. Assim como a mão de Josué sustentou a lança, também levantamos em nossa mão uma arma poderosa de combate. Pela imposição de mãos o Espírito Santo era concedido, os enfermos eram curados e os homens eram consagrados para o serviço. Se não fosse importante esse gesto corporal com as mãos ele não seria doutrina (Hebreus 6.2).

As mãos erguidas é uma forma de manifestar a piedade cristã. Não conheço homens sérios, justos, devotos a Deus e sobretudo, santos, que não seguem essa prática regular de orar a Deus levantando suas mãos em nome do Senhor.

O Salmista Davi disse que o seu gesto de levantar as mãos era para Deus como um sacrifício da tarde, que, segundo a lei, era oferecido pelos sacerdotes no templo às três horas (Salmos 141:2). Deus nos criou para o seu louvor e glória.

Paulo endossa essa verdade das mãos erguidas associada à oração assim:

Quero, pois, que os homens orem em todo o lugar, levantando mãos santas, sem ira nem contenda (1 Timóteo 2.8).

Esse levantar das mãos recomendado por Paulo nada tem a ver com algum sentido figurado. Ele é literal mesmo. Mãos limpas e coração puro são instrumentos que Deus consagra para si a fim de utilizá-los. É essa mão que usamos para o trabalho que também devemos usá-la em posição de combate contra os inimigos espirituais e em adoração a Deus.

6 A Vigilância

Vigiai, pois, em todo o tempo, orando, para que sejais havidos por dignos de evitar todas essas coisas que hão de acontecer e de estar em pé diante do Filho do Homem.

(Lucas 21.36)

Quão necessária ao crente é a vigilância. Deus nos confiou bens eternos, Deus nos tem mostrado pela graça de Jesus Cristo suas riquezas incompreensíveis da glória. Temos alcançado socorro em resposta às orações. Nossa atividade é sacerdotal, não é temporal, muito menos mundana. Somos embaixadores de Cristo. Se isto para nós é pouco, é porque ainda não temos habilidade de ponderar em profundidade o peso de cada benção que temos em Cristo. O que quero dizer com isso, é que a nossa segurança é redobrada contra o inimigo. Este sabe do que somos em Cristo. Ele não nos subestima. Seu alvo principal é o povo de Deus. E mais ainda, aqueles que oram. Um homem de joelhos declara guerra contra Satanás mais do que dez pregadores de pé que não oram.

É tolice levantar-se de um momento de clamor quebrantado a Deus e descuidar-se na vigilância. Quando levantamos da oração, levantamos renovados, com respostas, cheios de fé, e por isso mesmo o inimigo vai querer nos contra-atacar com seus ardis.

Jesus sempre colocava a vigilância do lado da oração, mas a citando primeiro:

Vigiai e orai, para que não entreis em tentação; na verdade, o espírito está pronto, mas a carne é fraca (Mateus 26:41).

Olhai, vigiai e orai, porque não sabeis quando chegará o tempo (Marcos 13:33).

Note que sempre a vigilância está antes da oração. Segundo Jesus, devemos "olhar", isto é, observar, ver os sinais, em outras palavras, é enxergar bem as coisas como elas são. Para aí, sim, vigiar. Só pode vigiar bem quem enxerga bem. E por último, orar. A oração é escondida, protegida e guardada na vigilância. Enfim, tudo o que eu posso dizer para homens e mulheres de Deus, entendidos, é que se não vigiarmos, nossa vida de oração não prosperará.

7 O jejum

Mas esta casta de demônios não se expulsa senão pela oração e pelo jejum (Mateus 17.21).

O jejum, desde o tempo do Antigo Testamento até os nossos dias, vem sendo observado pelo povo de Deus. Na lei Deus diz que jejuar é afligir a alma:

"E isto vos será por estatuto perpétuo: no sétimo mês, aos dez do mês, afligireis a vossa alma e nenhuma obra fareis, nem o natural nem o estrangeiro que peregrina entre vós" (Levíticos 16:29), ver Zacarias 8:19.

O Salmista Davi disse: "Chorei, e castiguei com jejum a minha alma, mas até isto se me tornou em afrontas" (Salmos 69:10). A alma é humilhada no jejum (Números 30.13):

Mas, quanto a mim, quando estavam enfermos, a minha veste era pano de saco; humilhava a minha alma com o jejum, e a minha oração voltava para o meu seio (Salmos 35:13).

Quando nos aplicarmos à oração, será necessário acrescentarmos a ela o jejum (1Coríntios 7.5). O jejum nos torna mais sensíveis e receptivos às coisas espirituais, não só isso, mas nos traz recompensas divinas para o presente e futuro (Mateus 6.18). O jejum nos faz subjugar melhor a carne. Os homens comem e bem, mas não jejuam. Mas em angústias e apertos alguns dentre eles buscam a Deus com jejuns (Salmos 107.18-19). Foi assim com os ninivitas, com os judeus nos dias de Mardoqueu e Ester ao serem ameaçados de morte; e com o rei Josafá antes de receber a vitória sobre os seus inimigos.

O jejum é para os dias de aflição, para dias de combates

espirituais, para momentos de enfermidade (2Samuel 12.22), para obtermos respostas de Deus, para libertação, para obtermos poder do alto, como meio de consagração mais profunda, para o serviço cristão com poder. Tiago apresenta um quadro propício para o jejum:

Chegai-vos a Deus, e ele se chegará a vós. Limpai as mãos, pecadores; e, vós de duplo ânimo, purificai o coração. Senti as vossas misérias, e lamentai, e chorai; converta-se o vosso riso em pranto, e o vosso gozo, em tristeza. Humilhai-vos perante o Senhor, e ele vos exaltará (Tiago 4:8-10).

Quem quer que queira jejuar precisa entender o objetivo dele. Pois as escrituras nos exemplifica vários casos e ocasiões de jejuns. A igreja separa melhor seus obreiros para a obra quando a mesma segue os critérios bíblicos. Um candidato ao ministério deve ter por hábito o jejum:

E, servindo eles ao Senhor e jejuando, disse o Espírito Santo: Apartai-me a Barnabé e a Saulo para a obra a que os tenho chamado. Então, jejuando, e orando, e pondo sobre eles as mãos, os despediram (Atos 13:2,3).

Paulo jejuou para entrar no ministério, e também para se manter firme e em forma espiritual no ministério (2Coríntios 11.27).

Dr Peter W. Evans destaca (no seu livro 10 Estudos profundos sobre o jejum bíblico: A ciência do poder espiritual, págs. 46-47):

O jejum não se limita aos crentes que a Bíblia menciona. Muitos dos líderes mais importantes da igreja durante um período importante da história conhecido como a Reforma Protestante - incluindo Martinho Lutero, João Calvino e John Knox - jejuaram. Knox jejuou e orou tanto que a rainha Mary disse que temia suas orações mais do que todos os exércitos da Escócia. John Wesley, o renomado pregador inglês, missionário e fundador do Metodismo, jejuou duas vezes por semana desde o nascer do sol até o final da tarde. Charles Finney, um avivalista em 1800, jejuava regularmente a cada semana e muitas vezes ficava três dias sem comer quando achava que suas reuniões de avivamento não estavam apresentando Jesus às pessoas.

Podemos considerar aqui Daniel que regularmente observava o jejum. Além dos jejuns exigidos por lei, Daniel se pôs a buscar o Senhor com jejuns e oração (Daniel 9.3). Não é sem razão que este homem tinha um nível de espiritualidade muito à cima dos homens do seu tempo.

Por último, preciso ressaltar que o jejum bíblico só tem efeito acompanhado de oração. Jejum sem oração é dieta. Na bíblia os homens que jejuaram o faziam para se dedicarem melhor à oração. Portanto, a oração é para o jejum o que o sangue é para o corpo.

8 Orações que
Deus não atende

Orar e pecar nunca viverão juntos no mesmo coração. A oração consumirá o pecado, ou o pecado obstruirá a oração.[8]

J. C. Ryle

Para não incorrermos em muitos sacrifícios de tolos, e práticas devocionais sem efeitos, é preciso considerar as condições que levam Deus a rejeitar as nossas orações:

Oração de um coração orgulhoso

Jesus na parábola do publicano e do fariseu evidenciou para nós as condições de um coração orgulhoso. Este é um coração exaltado, que pratica o estender do dedo (Lucas 18.11; Isaías 58.9), que não se dobra interiormente diante de Deus, e que não reconhece sua própria pecaminosidade.

Oração de um coração que não perdoa

E, quando estiverdes orando, perdoai, se tendes alguma coisa contra alguém, para que vosso Pai, que está nos céus, vos perdoe as vossas ofensas (Marcos 11:25).

Os nossos inimigos devem ser objetos do nosso amor e, portanto, lembrados em nossas orações.

Oração de um coração que não guarda a palavra de Deus

O que desvia os seus ouvidos de ouvir a lei, até a sua oração será abominável. (Provérbios 28:9).

Oração de um homem opressor

Igualmente vós, maridos, coabitai com ela com entendimento, dando honra à mulher, como vaso mais fraco; como sendo vós os seus coerdeiros da graça da vida; para que não sejam impedidas as vossas orações (1 Pedro 3:7).

Orações que não estão em conformidade com a vontade de Deus

E esta é a confiança que temos nele: que, se pedirmos alguma coisa, segundo a sua vontade, ele nos ouve (1 João 5:14).

Oração sem fé

E tudo o que pedirdes na oração, crendo, o recebereis (Mateus 21:22).

Orações de um coração que não persevera

Se não prevalecermos em oração, antes desfalecermos (Lucas 18.17), nossas petições não serão atendidas. Deus honra a perseverança, e não um coração impaciente ou apressado:

Esperei com paciência no Senhor, e ele se inclinou para mim, e ouviu o meu clamor (Salmos 40:1).

A oração tem dois estágios, o da resposta e o da recompensa. Devemos perseverar em oração até sermos recompensados por Deus.

9 Respostas às orações

Clama a mim, e responder-te-ei e anunciar-te-ei coisas grandes e firmes, que não sabes (Jeremias 33:3).

O silêncio de Deus é o meio de nos exercitar na fé. Ele não cria filhos mimados, mas experimentados. Podemos e iremos por desígnio divino passar por períodos de silêncio, por desertos áridos, por momentos de anelo pela presença de Deus. Nem sempre Deus nos responderá e nos atenderá de pronto.

Lemos na história dos homens bíblicos que quanto mais eles estavam alinhados à vontade de Deus e em comunhão com Ele, os tais em determinados momentos se sentiam esquecidos pelo Senhor:

Jesus Cristo: "Deus meu, Deus meu, por que me desamparaste? Por que te alongas das palavras do meu bramido e não me auxilias?" (Salmos 22.1).

Davi: "Ouve-me depressa, ó Senhor! O meu espírito desfalece; não escondas de mim a tua face, para que eu não seja semelhante aos que descem à cova" (Salmos 143:7).

Filhos de Coré: "Por que escondes a face e te esqueces da nossa miséria e da nossa opressão?" (Salmos 44.24).

A minha alma tem sede de Deus, do Deus vivo; quando entrarei e me apresentarei ante a face de Deus? (Salmos 42.2).

Isso nos ensina a não sermos ingênuos no tocante a acharmos que o Senhor responde seus filhos obedientes e fiéis sempre prontamente. A verdade é que o tempo de Deus é diferente do nosso. Deus nos responderá em tempo oportuno, mas não podemos desanimar se Seu tempo não casar com o nosso.

As respostas de Deus são múltiplas. Em forma de renovos espirituais; nos dando mais graças como a Paulo; trabalhando em áreas das quais não pedimos, mas que Ele entende que é para um propósito Dele. Pedimos para Deus mudar a situação, mas talvez ele nem a mude, e use a situação para mudar nosso coração. A resposta para um coração íntegro sempre vem.

Asafe questionava Deus sobre a prosperidade dos ímpios enquanto ele mesmo lavava as suas mãos na inocência e andava em justiça; no entanto, era afligido todo o dia. Ele até teve inveja dos ímpios que prosperavam sem buscar a Deus. Até que a resposta de Deus veio, ele entrou no santuário e lá viu o fim dos ímpios. Ele se arrependeu do seu "quase desvio", e de suas insatisfações com a vida com Deus, e pode louvar ao Senhor e gozar da sua bondade. A situação exterior de Asafe não foi mudada, o texto não diz que ele parou de ter aflições, ou apertos, mas a sua visão a respeito do plano de Deus, do fim dos ímpios, da justiça de Deus foi mudada. Louvado seja o Senhor que sabe como trabalhar. Não podemos criar expectativas enrijecidas quanto aos meios de respostas de Deus. Esteja certo que ele não vai te decepcionar.

Nós somos imediatistas, e muitas das vezes seguimos agendas, lutamos pela concretização das nossas agendas. Mas Deus não segue agendas, Deus segue propósitos.

10 Possibilidades na oração

Elias era homem sujeito às mesmas paixões que nós e, orando, pediu que não chovesse, e, por três anos e seis meses, não choveu sobre a terra. E orou outra vez, e o céu deu chuva, e a terra produziu o seu fruto (Tiago 5.17-18).

O profeta Elias é um grande exemplo de oração perseverante e eficaz. Nada de extraordinário tinha na essência de Elias. A diferença é que ele se colocou nas mãos de Deus. Tinha uma grande fome de Deus e o buscava de todo seu coração. Ele era como disse: muito zeloso de Deus. A passagem a que alude Tiago revela Elias orando por sete vezes para Deus mandar chuva. Elias orava, e ordenava seu moço sair a ver sinais de chuva em resposta a sua oração. Por seis vezes ele deu ordens expressas ao seu moço, até que na sétima o sinal de chuva "apareceu" no céu e Elias pode entender que sua oração foi ouvida e atendida por Deus (1 Reis 18.42-45). Esse nível de perseverança nem todos têm. Também, não foi fácil para o profeta. Suas orações e declarações curtas atendidas por Deus eram consequências de muito tempo em oração. Essa condição é confirmada por Edward M Bounds:

A oração que é sentida como uma força poderosa é o produto de muito tempo dedicado a Deus. Nossas orações curtas têm seu ponto e eficiência como resultado das orações longas que vieram antes. A oração curta que prevalece não pode ser feita por aquele que não prevaleceu com Deus em uma insistência maior de continuidade ininterrupta. [9]

Se você orar do jeito de Deus você não terá falta de nada

Os filhos dos leões necessitam e sofrem fome, mas aqueles que buscam ao Senhor de nada têm falta (Salmos 34.10).

Como foi falado na introdução, a oração é o recurso de

Deus pelo qual ele opera no mundo. Deus não precisava trabalhar através das nossas orações, mas ele escolheu que seria assim. Homens que oram do jeito de Deus, estão em contato com a fonte da graça, estão às portas do Rei dos reis, são homens que negociam, que lutam para que os propósitos de Deus tenham êxitos no mundo.

De fato, estes, por estarem mais perto do Senhor, são os primeiros a desfrutarem das maravilhosas graças de Deus. Assim como não há mendingos dentro do palácio do rei, também não há necessitados entre os que buscam a Deus. Não se vê o conselheiro do rei ou o que é chamado a assentar-se a sua direita em necessidades ou aflito por questões de pão ou vestuário. Estar com o rei é a maior benção e o rei tornará participante de seus bens aqueles que lhe são queridos. Como disse Jesus: "Mas buscai primeiro o Reino de Deus, e a sua justiça, e todas essas coisas vos serão acrescentadas" (Mateus 6.33). Devemos ponderar isso.

Orar do jeito de Deus é trabalhar duro, é uma atividade árdua, mas compensadora — "O lavrador que trabalha deve ser o primeiro a gozar dos frutos" (2 Timóteo 2.6). Quem ora trabalha, e trabalha melhor. Oração é o verdadeiro trabalho. Ninguém pode estar tão ocupado ao ponto de não ter tempo para orar. Ocupação sem oração é atividade vã, é trabalho inútil. Como diz J. C. Ryle:

"Bíblias lidas sem oração, sermões ouvidos sem oração, casamentos celebrados sem oração, viagens realizadas sem oração, residências escolhidas sem oração, amizades formadas sem oração, o ato diário de oração privada feita de forma apressada ou sem coração: estes são os tipos de degraus, por onde muitos cristãos descem a uma condição de paralisia espiritual, ou atingem o ponto onde Deus lhes permite ter uma queda tremenda."[10]

Quem ora do jeito de Deus não vive em miséria. Quem ora do jeito de Deus é satisfeito no próprio Senhor sua fonte de plena alegria.

Portas serão abertas

"Deus sempre abre caminhos para homens de oração". David Wilkerson (1931 - 2011)

Quando Jesus disse: "Pedi, e dar-se-vos-á; buscai e encontrareis; batei, e abrir-se-vos-á" (Mateus 7.7), foi falando dos vários caminhos na oração, sobre os vários níveis de esforços empregados nela. Se empregamos todas as nossas forças e perseverarmos nela, não haverá portas fechadas diante de nós. Deus não nos negará bem algum.

A vida antes da oração é cheia de embaraços, impedimentos, problemas insolúveis, mas quando buscamos a Deus, caminhos são abertos, o que estava torto passa a ser endireitado. No salmo 34 Davi disse que ao buscar ao Senhor seus temores foram vencidos (v.4), ao clamar ao Senhor, ficou livre das suas angústias (v.6). Esta é a nossa confiança. Deus não pode mentir.

Pela oração você se tornará poderoso contra Satanás

Conta-se que a rainha Maria da Escócia dizia: "Eu temo as orações de John Knox mais do que um exército de dez mil homens"[11]. Homens de oração são poderosos. São os verdadeiros valentes de Deus no mundo. O inimigo não teme nossos estudos teológicos, ele não se importa com o nosso cântico, ele não liga para as nossas liturgias e nem treme com nossa pregação eloquente. Mas ele se perturba quando um crente dobra os seus joelhos diante de Deus e passa a permanecer diariamente em sua presença. Ele se sente ameaçado com aqueles que estão de contínuo batendo à porta de Deus. O poder não vem dos estudos, o poder não vem do conhecimento. O poder vem da oração incessante. O poder vem do quebrantamento na oração.

Jesus era poderoso contra Satanás porque ele orava, e orava muito. Ele passou quarenta dias orando e jejuando no deserto (Mateus 4), ele passava a noite orando nos montes e pela manhã estava ensinando no templo (Lucas 21:37). Jesus não dependeu do seu próprio poder para vencer Satanás. Ele buscou o poder do Pai.

Você só pode resistir o diabo orando, do contrário o inimigo não sofrerá resistência em seus planos contra nós. Como diz Ryle (1816 - 1900):

A oração é o mais seguro remédio contra o diabo e os pecados que nos assediam. Aquele pecado nunca se manterá firme diante de um coração que orou contra ele. O diabo nunca guardará por muito tempo o domínio sobre nós se rogarmos ao Senhor que o expulse para longe. Apenas temos que colocar todo o nosso caso diante do nosso Médico Celeste, para que Ele nos dê o alívio diário. [12]

Paulo e Jesus eram conhecidos dos poderes das trevas não porque eram brilhantes na pregação, mas sim porque através da oração eram carregados de dinamites espirituais contra as fortalezas de Satanás. Entretanto, quero que o leitor entenda que a oração não é um fim em si mesma. A oração é um instrumento, um meio. Não oramos por orar. Oramos a fim de alcançarmos certas coisas. Oramos para acertar o alvo. Temos um ponto bem definido. Queremos o Senhor de todo o nosso coração. Não passamos tempo em oração pelo simples prazer de orar. Passamos tempo em oração pelo prazer de buscar comunhão com Deus. Enquanto o dia de vermos o Senhor face a face não chega, usamos o meio da oração para nos relacionarmos com Ele.

Você sustentará muitos com suas orações

Saúda-vos Epafras, que é dos vossos, servo de Cristo, combatendo sempre por vós em orações, para que vos conserveis firmes, perfeitos e consumados em toda a vontade de Deus (Colossenses 4.12).

Epafras não só ensinava a igreja de Colossos (1.7), mas também guerreava em oração por ela. Aqui a palavra grega para combater é "agonizar". Ele fazia o serviço completo em prol do bem-estar espiritual da igreja. Ele nutria a igreja com o alimento da palavra, mas também agonizava em oração com Deus pelo crescimento e edificação dos santos ali em Colossos. Aquela igreja devia muito a Epafras. Paulo o tinha em grande estima devido à obra que ele prestava aos irmãos, e não somente o apóstolo, mas o próprio Senhor se deleitava no cuidado de Epafras pela igreja.

11 Onde estão os que oram?

Mas isto eu digo, que não orar é uma prova clara de que um homem ainda não é um verdadeiro cristão.

J. C. Ryle

As melhores vagas de emprego, com os melhores salários e benefícios são normalmente ofertadas aos mais qualificados e preparados. Leva- se muito tempo para uma pessoa ficar boa para Deus, afiada em suas mãos, mas não o mesmo tempo para ser aceita por Deus. Deus aceita num instante todo aquele que crê no seu Filho. A razão do tempo que se leva para amadurecermos é por nossa própria letargia e não por limitações em Deus para nos aperfeiçoar.

Pessoas qualificadas para uma boa obra não surgem dum dia para outro. Não se faz um intercessor de uma hora para outra. O processo é lento e paulatino. Os que oram são sustentados pelo próprio Deus. O Espírito Santo é a força motriz deles. Essa obra de oração não é do homem, mas do próprio Senhor. Deus não pode trazer à sua presença homens preguiçosos e negligentes na oração.

Os homens de oração estão nos púlpitos mesmo? Eles devem estar, mas nem sempre isso é realidade. O ministério tem virado profissão para alguns, um trampolim para práticas de interesses políticos e financeiros. Nem todas as pessoas procuram o ministério tomado de intenções sinceras. Aspiram o ministério pastoral, mas não abraçam o ministério da intercessão. Querem a pregação, mas não passam períodos longos em oração. Desejam ser cheios do Espírito, mas não são cheios de orações. Querem fazer a diferença no mundo, mas são tão diferentes dos primeiros cristãos que colocaram o mundo de ponta cabeça.

81

Sobre isso falou Spurgeon aos seus alunos: "É claro que o pregador está acima de todos sendo diferenciado de outros como um homem de oração. Ele ora como um cristão comum, caso contrário, ele é um hipócrita. Ele ora mais do que um cristão comum, caso contrário ele é desqualificado para o ofício o qual está exercendo" [13].

Eu sempre guardo essa frase comigo de Spurgeon. Ela é certeira. Nos leva a refletir sobre nós mesmos. Eu não posso ser "menos" que ou tanto disciplinado em oração quanto o povo que me assiste e de mim depende. Pastores, pregadores e professores são líderes espirituais do povo. Sua condição espiritual tem de ser boa. Esses homens devem ter grande envergadura espiritual e maturidade, do contrário serão nuvens sem água. Serão fontes secas, figueiras cheias de folhas, mas sem fruto algum.

Os que oram nem sempre estão em evidência porque a oração não confere status nenhum. Não se corteja intercessores. Eles são procurados somente quando surgem as necessidades. Alguns como Nicodemos vão ter com eles à noite. Na hora da emergência é a residência deles que é procurada. Já vimos na história que reis marcavam encontros com profetas; eles iam ter com os profetas do Senhor em busca de respostas e ajuda espiritual. Isto se dava porque estes homens eram homens de oração, homens santos que viviam de joelhos na presença de Deus.

Martinho Lutero dizia: "Se eu deixar de gastar duas horas em oração a cada manhã, o diabo consegue a vitória no decorrer do dia". E Leonardo Ravenhill: "Se somos fracos na oração, nós somos fracos em toda a parte."

O inimigo para prevalecer contra a igreja só precisa

manter os que oram ocupados demais em outros afazeres para não terem vida de oração, mas Deus não o permita. Deus sempre terá seus intercessores nos quatro cantos da terra, como diz em Malaquias:

Mas, desde o nascente do sol até ao poente, será grande entre as nações o meu nome; e, em todo lugar, se oferecerá ao meu nome incenso e uma oblação pura; porque o meu nome será grande entre as nações, diz o Senhor dos Exércitos (Malaquias 1.11).

Portanto, que eu e você seja parte desse povo de Deus que oferece orações como incenso agradável a Deus.

REFERÊNCIAS BIBLIOGRÁFICA

1. O poder através da oração (Escola da Oração Livro 12)" de Edward M Bounds pág 19-20.

2. (citação de "Comentário Bíblico John Wesley" de John Wesley, Valdenilson Araujo, Efésios 6.18).

3. "Um Chamado à Oração" de J. C. Ryle, Rodrigo Silva -Título Original: A Call to Prayer por J. C. Ryle Copyright© Editora Letras 1ª edição em português: outubro de 2012 ISBN da versão digital: 978-85-66209-09-9 Todos os direitos reservados em língua portuguesa por: Editora Letras, pág 14.

4. Lopes, Hernandes Dias. De pastor a pastor: princípios para ser um pastor segundo o coração de Deus. São Paulo: Hagnos, 2008, pág 73.

5. (citação de "Comentário Bíblico John Wesley" de John Wesley, Valdenilson Araujo, Efésios 6.18).

6. Sheets, Dutch Oração intercessória: como Deus pode usar suas orações para mover o céu e a terra / Dutch Sheets; [tradução Idioma & Cia]. - 1.ed. - Rio de Janeiro : Luz às Nações, 2014. pág 40

7. Sheets, Dutch Oração intercessória: como Deus pode usar suas orações para mover o céu e a terra / Dutch Sheets; [tradução Idioma & Cia]. - 1.ed. - Rio de Janeiro : Luz às Nações, 2014. pág 41

8. Um Chamado à Oração" de J. C. Ryle, Rodrigo Silva -Título Original: A Call to Prayer por J. C. Ryle Copyrgh Edi-

tora Letras 1ª edição em português: outubro de 2012 ISBN da versão digital: 978-85-66209-09-9 Todos os direitos reservados em língua portuguesa por: Editora Letras, pág 12.

9. O poder através da oração (Escola da Oração Livro 12)" de Edward M Bounds - pág 25.

10. Um Chamado à Oração" de J. C. Ryle, Rodrigo Silva -Título Original: A Call to Prayer por J. C. Ryle Copyright© Editora Letras 1ª edição em português: outubro de 2012 ISBN da versão digital: 978-85-66209-09-9 Todos os direitos reservados em língua portuguesa por: Editora Letras, págs 19-20.

11. Um Chamado à Oração" de J. C. Ryle, Rodrigo Silva -Título Original: A Call to Prayer por J. C. Ryle Copyright© Editora Letras 1ª edição em português: outubro de 2012 ISBN da versão digital: 978-85-66209-09-9 Todos os direitos reservados em língua portuguesa por: Editora Letras, pág 8.

12. Pág 19 do mesmo livro anterior.

13. "O poder através da oração (Escola da Oração Livro 12)" de Edward M Bounds - pág 15.

Agradecimentos

Agradeço ao Deus trino!

Agradeço aos que oraram e oram por mim. Sou fruto da oração da igreja, e dos meus antepassados na fé.

Agradeço a minha casa: Danielle (esposa), Laura, Levi, Liz (filhos).

www.ingramcontent.com/pod-product-compliance
Lightning Source LLC
LaVergne TN
LVHW091616170726
843492LV00007B/2435